Mona LASSUS

Le pianiste fou

Nouvelle

© 2023, Mona Lassus
Loi n°49-956 du 16 juillet 1949 sur les publications destinées à la jeunesse, modifiée par la loi n°2011-525 du 17 mai 2011.
Édition : BoD - Books on Demand, info@bod.fr
Impression : BoD - Books on Demand, In de Tarpen 42, Norderstedt (Allemagne)
Impression à la demande

ISBN : 978-2-3225-1867-8
Dépôt légal : Décembre 2023

*Une petite flamme de folie,
Si on savait ce que la vie s'en éclaire !*
Henry de Montherlant

GRAND-PÈRE

J'avais pris la direction du vieux manoir, tout au fond du parc. Cette maison avait été celle de mon grand-père ; depuis qu'il nous avait quittés, j'aimais m'y réfugier les mercredis après-midi, lorsque maman me le permettait. J'y retrouvais le souvenir de ce vieux bon-homme un peu bougon mais dont les moustaches chatouillaient si agréablement mes joues lorsqu'il m'embrassait.

Quand je lui rendais visite, j'entrais sans bruit pour le surprendre. Il sortait de derrière son bureau en agitant les bras, poussait un bouh ! comique en gonflant ses joues, la bouche en cul de poule, les yeux écarquillés ; je faisais mine d'avoir peur et il me soulevait du sol à bout de bras, faisait courir sa moustache sur le bout de mon nez, sur mon front, dans mon cou jusqu'à ce que, n'y tenant plus, je me tortille en tous sens pour qu'il me pose à terre. Un gros rire le secouait alors et, me prenant par la main, il m'amenait jusqu'à un petit guéridon dans lequel il cachait une bonbonnière pleine de berlingots parfumés de miel, d'anis ou de menthe. Je me servais copieusement de ces friandises que je grignotais avec gourmandise, assise dans le grand fauteuil dans lequel je m'enfonçais jusqu'au cou en écoutant une histoire qu'il me contait.

Ces instants de pur bonheur sont restés gravés dans ma mémoire comme une douceur que je retrouvais chaque fois que je retournais dans le manoir abandonné. Je m'installais dans le fauteuil de la bibliothèque pour lire un de ces livres d'enfant achetés à mon intention et dont étaient emplis plusieurs rayonnages.

Rien n'avait changé dans cette maison dans laquelle mes parents ne consentaient pas à déplacer le moindre objet. Il y régnait encore la bonne odeur de biscuits dont grand-père avait le secret, qu'il préparait en sifflotant tous les dimanches matin et on aurait pu penser qu'il allait tout à coup surgir de derrière son bureau, tant sa présence était palpable.

L'INTRUS

    Ce mercredi, alors que je m'apprêtais à franchir le seuil de la maison, suivie par mon petit Pilou, le chien que grand-père m'avait offert et qui ne me quittait pas lorsque je partais en expédition à travers le parc, j'eus la surprise de distinguer, venant de l'intérieur, des bruits étranges qui me clouèrent sur place.
    Pilou, en arrêt, une patte levée, le museau flairant l'air, les oreilles dressées, poussa de petits gémissements qui ne me dirent rien de bon. Inquiète, je faillis repartir en courant, mais, prenant mon courage à deux mains, je poussai la porte et entrai.
    De surprise, j'eus un coup au cœur et je fus prise d'un hoquet tant ce que je voyais m'était incompréhensible.
    Pilou s'était campé sur ses pattes et poussait des grognements qui se voulaient féroces, retroussant ses babines, prêt à bondir.
« How, how ! De la visite ! Mais entrez donc, n'est-il pas ? » Me dit avec un drôle d'accent l'étrange individu qui se tenait au milieu de la pièce.
— Que… Qui êtes-vous ? Demandai-je d'une voix tremblotante. Que faites-vous là ? Qui vous a donné la permission d'entrer ici ?
— How, how ! Me répondit l'étranger. Mais je suis ici chez moi ! N'est-il pas ?

Me regardant d'un air soupçonneux, il ajouta :
— Et vous, qui êtes-vous ? Et qui vous a permis d'entrer sans frapper ?
— Je m'appelle Laure et cette maison est celle de mon grand-père ! Vous n'avez pas le droit d'être ici ! je vais prévenir mes parents ! M'écriai-je en tournant les talons.
— How, how ! Pas si vite, n'est-il pas ! Rétorqua l'individu en se campant devant moi. You have to be mistaken[1] n'est-il pas? How, how, my god, this is my home, and nothing can change that![2] Look at this[3], me commanda-t-il en désignant la pièce d'un large geste du bras. Voyez-vous quelque chose qui vous appartiendrait ou qui appartiendrait à votre family[4], n'est-il pas ? »

Je ne compris rien à ce qu'il me disait, mélangeant l'anglais et le français avec un accent épouvantable.

Ma surprise était si grande de trouver cet individu dans la maison de grand-père, que je restai en arrêt, bouche bée, le regard fixé sur ce surprenant personnage qui s'agitait en tous sens en faisant de grands gestes. Pilou, excité par cet excès de mouvements, commençait lui-aussi à s'agiter en jappant.

Ce vacarme me sortit de mon apathie et je faillis défaillir en apercevant le changement de décor de cette pièce qui, d'ordinaire, était parfaitement ordonnée. Comme c'était étrange ! Plus rien ne ressemblait à ce que j'avais laissé le mercredi précédent.

---

1 -Vous faites erreur

2 -Mon Dieu, c'est ma maison, et rien ne peut changer ceci !

3 -Regardez ça,

4 -Votre famille

Les meubles, les livres, la pièce entière avaient été totalement bouleversés. Béate, je me laissai tomber sur une chaise que le personnage avait approchée, craignant peut-être que je m'évanouisse.

Je me frottai les yeux, persuadée que je rêvais et que j'allais me réveiller, mais non, j'étais bien éveillée, pas de doute.

Je pris alors le temps d'observer le décor et de dévisager cet étrange personnage. C'était une sorte de grand escogriffe aux jambes si longues qu'on aurait pu penser qu'elles étaient faites de baguettes, au corps si maigre qu'on pouvait s'attendre à ce qu'il se casse en deux, aux bras si grands et aux mains si fines, aux doigts si allongés et graciles, qu'on aurait dit les tiges d'une plante grimpante.

Il était vêtu tout aussi étrangement d'un habit noir qui flottait autour de lui comme un étendard avec un pantalon qui ne laissait rien voir de ses pieds, à tel point qu'il donnait l'impression de se déplacer en voltigeant, d'une veste à queue de pie qui s'envolait à chaque mouvement et dont les larges manches tombaient jusqu'à la moitié de ses doigts qu'il agitait comme s'ils étaient faits de serpentins,

et d'une chemise à jabot de dentelle blanche, dont le col était fermé par ce que je pris pour un nœud papillon mais qui, après plus ample examen, se révéla être un vrai papillon, posé là par le plus grand des mystères. Un chapeau haut de forme coiffait sa tête en essayant de retenir une tignasse abondante, frisée et indisciplinée, qui lui retombait dans le cou et sur le front, dont il repoussait constamment une mèche rebelle qui venait lui chatouiller le bout du nez, lui faisant pousser des éternuements comiques. Son visage, d'une pâleur d'outre-tombe, était aussi menu que ses jambes étaient longues, avec, sous un front qui paraissait démesuré lorsqu'il repoussait sa chevelure vers l'arrière, deux petits yeux aux cils si fournis et allongés qu'on en voyait à peine l'éclat pourtant vif et perçant. Un nez presque plat se retroussait au bout, pointant vers le ciel, et une bouche en forme de cœur surplombait un menton aussi pointu que son nez. L'ensemble était comique et inquiétant.

Cet examen terminé, je voulus me lever pour partir au plus vite. Je crois que je pleurais, car le bonhomme me tendit un mouchoir que je pris machinalement en le remerciant. Mes jambes refusèrent d'obéir à l'ordre que mentalement je leur donnai et, clouée sur place, je continuai à examiner ce qui se trouvait autour de moi.

La pièce, si ordonnée d'habitude, était maintenant dans un désordre indescriptible, mais ce qui me surprit le plus, ce fut la présence, en son milieu, à la place que le bureau de grand-père avait toujours occupée, d'un piano. Un immense piano à queue !

De tous côtés, des objets hétéroclites occupaient l'espace ; des partitions de musique étaient suspendues à des fils qui couraient d'une poutre à l'autre, accrochées par des épingles à linge, dont s'écoulaient des gouttelettes d'encre noire dégoulinant sur le sol parsemé de signes que je pris pour des graines mais qui, en y regardant mieux, ressemblaient à s'y méprendre à des notes de musique !

Je n'en crus pas mes yeux, je crus être l'objet d'un rêve bizarre.

Sur un guéridon, un animal au pelage soyeux d'une belle couleur marron glacé se lissait consciencieusement le poil en agitant ses petites pattes griffues qu'il faisait aller et venir, après les avoir léchées du bout de sa langue rose, sur son museau en passant au-dessus de ses oreilles pointues. Il ne ressemblait que de loin à un chat et je réalisai, tout à coup, qu'il s'agissait d'une sorte de gros rat à la queue longue et effilée qu'il balançait de droite à gauche en m'observant de ses petits yeux perçants. Comme mon regard croisait le sien, il me fixa d'une façon qui me fit frissonner, stoppa sa toilette, et, après un temps pendant lequel il sembla réfléchir, il fit un bond et vint se percher sur l'épaule du personnage qui souleva son chapeau sous lequel la bestiole disparut.

Tout ceci était si incongru que j'en restai paralysée, la bouche ouverte, pendant que mon chien, campé devant la porte, en grattait le battant en poussant de petits gémissements plaintifs. Combien de temps avais-je mis pour détailler toutes ces choses incroyables ?

PERDU LE LA !

Je sortis de ma stupeur lorsque l'individu, en faisant voler sa queue de pie, s'assit au piano et se mit à jouer en s'accompagnant de sa voix aigrelette et éraillée. Une sorte de complainte d'une tristesse infinie envahit subitement la pièce, me forçant à me boucher les oreilles tant les sons en étaient discordants. Je levai la tête, offusquée par une telle cacophonie, mais le personnage continuait à chanter et à taper sur les touches du piano en faisant virevolter ses longs doigts, les manches de sa veste retroussées jusqu'aux coudes dont elles laissaient voir des avants bras maigrelets.

Il penchait la tête, l'air inspiré, et, tout en continuant à faire courir ses doigts en tous sens, il se mit à se plaindre :
« Howww, my god ! Ecoutez moi ça ! vous entendez ? it's not possible ! N'est-il pas ?
— En effet, répondis-je. Ce n'est pas possible ! Arrêtez, s'il vous plait ! C'est insupportable ! C'est n'importe quoi !
— Ce n'est pas ma faute ! Pleurnicha-t-il. Toutes mes notes tombent à terre et il ne reste plus, sur ma partition, que quelques résidus qui donnent le son que vous entendez ! Qu'y puis-je, n'est-il pas ?
Je me levai et lui demandai :
— Voyons, vous chantez et vous jouez faux. Donnez-moi le la.

— Je ne le puis, me répondit-il.
— Et pourquoi ça ?
— Je ne puis vous donnez le la, car il ne m'appartient pas.
— Mais, répondis-je, étonnée, le la n'appartient à personne. Ce n'est qu'un son !
— Exactely ! C'est pour cette raison que je ne puis vous le donner !
— Alors, faites-le moi entendre !
— Je ne le puis non plus.
— Et pour quelle raison ?
— Parce que je l'ai perdu ! Finit-il en éclatant en sanglots.
— Comment pouvez-vous avoir perdu le la ? Impossible ! Protestai-je.
— Rendez-vous compte par vous–même. » Me proposa-t-il en se levant et en m'invitant à prendre place au piano.

Je déclinai la gamme : do, ré, mi, fa, sol. Jusque-là, tout alla bien, mais, lorsque mon doigt appuya sur la touche correspondant au « la », il n'en sortit qu'une sorte de grincement, comme si une crécelle avait pris place sous le marteau. Je continuai : si, do, ré, mi, fa, sol, le « la » suivant émit le même son discordant et ainsi de suite jusqu'au dernier octave.

« Vous n'avez pas perdu le la. Affirmai-je. Votre piano est simplement désaccordé !
— No, no, no! S'écria le Bonhomme. He's lost [5] ! La preuve : aucune de mes partitions ne le retient. Il tombe à terre dès que je les mets à sécher ! Oh, my god! It's hideous! What will become of me [6]?

---

5 - Il est perdu !
6 - Oh, mon Dieu, c'est affreux, que vais-je devenir ? Regardez ça !

Look at this ! Ajouta-t-il en me montrant les notes qui jonchaient le plancher. Tout ceci, ce ne sont que des « la » ! Des « la dièse », des « la bémol », des « la mineur » et des « la majeur ». Sans le « la », je ne puis continuer à jouer ! N'est-il pas ?
— Voyons, essayai-je de réfléchir. Peut-être qu'il faut commencer par voir ce qu'il se passe à l'intérieur du piano ? Peut-être que quelque chose empêche le la d'être juste. Peut-être, aussi, qu'au lieu d'écrire votre musique à l'encre, il faudrait prendre un crayon ? Ou un stylo ? Comme ça, vous n'auriez plus besoin de la faire sécher et les notes resteraient à leur place au lieu de dégouliner sur le plancher ?
— Voici qui est very ingenious ! s'écria-t-il. But it is not possible, n'est-il pas !
— And why[7] ? Lui demandai-je à mon tour en anglais, me laissant prendre au jeu.
— Because my instrument n'est pas un piano ordinaire !
— Un piano, c'est un piano et celui-ci m'a l'air de ressembler à n'importe quel autre. Voyons, dis-je, agacée, en m'approchant pour soulever le couvercle. Il doit y avoir quelque chose qui coince !
— Stop ! S'écria brusquement le pianiste en se campant devant moi, tapant d'une main sur l'instrument pour m'empêcher de l'ouvrir. Dont'touch[8] ! » Fit-il sévèrement, en fronçant les sourcils de façon inquiétante.

Surprise par sa réaction, je reculai. En entendant ces éclats de voix, mon chien, qui s'était tapi sous le guéridon et se tenait tranquille, se leva, prêt à bondir pour prendre ma défense, les poils au garde à

---

7 - Et pourquoi ?
8 - Ne touchez pas !

vous, les babines retroussées sur ses petites dents pointues en poussant un grognement menaçant.

Le rat pointa son museau hors du chapeau du pianiste, et, d'un bond, alla se percher sur une poutre, toutes griffes dehors, chassant de leur abri une nuée de papillons multicolores qui envahirent l'espace, vire-voltant en tous sens.

Pilou, pris d'assaut, se mit à faire des bonds pour essayer d'attraper au vol ces intrus en claquant de la gueule chaque fois qu'il en passait un à proximité.

Le pianiste, en panique, agitait ses grands bras en faisant des moulinets, tournant sur lui-même comme une toupie folle. Désorientée, je me dirigeai vers la porte dans l'intention de m'enfuir de cet endroit incompréhensible, mais Pilou, trop occupé à courir en tous sens dans la pièce, renversant tout ce qui se trouvait sur son passage, refusa de m'obéir. Ne sachant que faire, je m'installai au piano et me mis à taper au hasard sur toutes les touches. Les sons et les vibrations qui en sortirent étaient si assourdissants que la surprise cloua sur place le pianiste fou. Pilou fut stoppé net dans son élan et alla se réfugier sous le fauteuil.

Le calme peu à peu revint, les papillons retournèrent dans leur cachette et le rat regagna son abri sous le chapeau de son maître. Essoufflé, le pianiste se laissa tomber sur une chaise, la tête dans les mains, secoué par de violents sanglots. Prise de pitié, je m'approchai de lui, et, en lui tapotant l'épaule, j'essayai de le calmer.

« Allons, allons, ce n'est pas si grave, voyons, lui dis-je.
— No, no, no! it is very important, n'est-il pas. Sans le la je ne puis jouer, comprenez-vous ?

— Vous ne pourriez pas jouer, non plus, sans le do ou n'importe quelle autre note, lui fis-je remarquer.
— Exactly ! But, sans le la … Se lamenta-t-il.
— Pour quelle raison, alors, ne voulez-vous pas regarder ce qui empêche le la d'être juste dans votre piano ?
— Because, insista-t-il en tapant du pied, it's not possible !
— Bon, écoutez, répliquai-je, énervée, à la fin, par ses caprices. J'en ai assez ! Je ne comprends rien à tout ceci. Je vais m'en aller. Aurevoir. Je pense que mon père sera très mécontent de savoir que vous vous êtes installé dans cette maison sans son autorisation. Il va certainement vous chasser. Tant pis pour vous ! »

Je lui tournai le dos, j'appelai Pilou et nous partîmes en courant de cet endroit fou.

LES PARENTS

En rentrant chez moi, je racontai cette histoire à mes parents qui n'en crurent pas leurs oreilles. Mon père, furieux, se dirigea derechef vers la maison de grand-père, bien décidé à en chasser l'intrus avec pertes et fracas.

« Reste ici ! M'ordonna-t-il. Inutile de t'exposer à une scène de violence si cet individu refusait d'obéir. Viens avec moi, Marie. Ajouta-t-il à l'intention de ma mère. ».

Désobéissante, je les suivis à bonne distance, curieuse de voir comment mon père allait faire fuir l'intrus. Cachée derrière un buisson, j'épiai, m'attendant à des éclats de voix ou, pire encore, à une expulsion à coups de botte. À ma grande surprise, mes parents s'étant précipités à l'intérieur de la maison, aucun son, aucune injure, aucun éclat ne parvint à mes oreilles.

Je m'approchai alors, inquiète. Un haut le cœur me souleva la poitrine en apercevant papa et maman, plantés au milieu de la pièce déserte de tout le fatras que j'y avais découvert, du curieux individu, du piano et des animaux qui l'accompagnaient. Je faillis m'évanouir lorsque mon père, furieux, m'attrapa par le bras, me fit pénétrer à mon tour dans la pièce et, me secouant comme un prunier me demanda en hurlant presque :

« Est-ce que ça t'amuse, de nous déranger, ta mère et moi, avec ce genre de blague ? Où sont toutes ces choses que tu nous as décrites ? Où est ce personnage dont tu nous as parlé ? Es-tu folle, mon enfant ? »

Comme j'étais pâle, sans doute, pleurant et ne comprenant rien à ce qui se passait, ma mère eut pitié de moi. En essayant de calmer mon père, elle me prit dans ses bras et me demanda doucement :
« Voyons, Laurette, es-tu sûre de ne pas t'être endormie et d'avoir rêvé ?
— Non, maman, je t'assure, je ne dormais pas. Il y avait bien ici tout ce dont je vous ai parlé. J'en suis sûre. » Répondis-je en hoquetant.

Recommençant mon récit, je montrai du geste l'emplacement où se trouvait chaque objet, les fils sur lesquels séchaient les partitions de musique, les petites taches noires laissées par les notes tombées à terre. Mon père hochait la tête, persuadé que sa fille, dotée d'une imagination débordante, ne faisait pas la différence entre rêve et réalité.

En ayant assez vu, impatient, « Ça suffit, décrétât-il en tournant le dos. Tu nous as fait perdre assez de temps. Rentrons et que je n'entende plus jamais parler de ces fadaises ! »

Ma mère me prit par la main et nous retournâmes à la maison.
« Regarde, ma chérie, comme ces deux papillons sont magnifiques! Me dit-elle en me montrant deux papillons multicolores qui virevoltaient autour de nous.
— Ce sont ceux du pianiste fou ! Lui chuchotai-je.
— Tu crois ? Me demanda maman.
— J'en suis sûre, affirmai-je.
— Alors, tu n'as donc pas rêvé ! S'exclama-t-elle, complice. Gardons cela secret. » Ajouta-t-elle en souriant.

RETROUVAILLES

Je passai le reste de la semaine dans l'impatience du mercredi suivant, qui me permettrait de retourner dans la maison de grand-père.

Pour tromper l'attente, je passai tout ce temps à dessiner, essayant de reproduire la scène étrange que j'étais persuadée d'avoir vécue. Ma mère me complimentait sur la qualité de mes dessins et, en catimini, me faisait raconter et raconter encore cette incroyable aventure en hochant la tête, indulgente et ravie devant mon imagination d'enfant, persuadée qu'elle était le résultat des contes de fée que je prenais plaisir à lire.

Le mercredi suivant, papa s'étant absenté, maman me permit de retourner dans la maison de grand-père. Elle me donna un panier dans lequel elle avait placé des biscuits et du chocolat pour mon goûter et me dit : « Tu n'auras qu'à, si ton visiteur est encore là, partager tout ceci avec lui ! Amuse-toi bien, ma chérie. » Finit-elle en posant un baiser sur mon front.

Je pris le chemin de la maison, pas très rassurée. Je ne sais ce que je craignais le plus : retrouver le pianiste fou ou constater que je l'avais rêvé. J'avançai prudemment jusqu'à la porte que je poussai doucement, n'osant entrer, lorsque j'entendis :
« How, how ! De la visite ! Mais entrez donc, n'est-il pas ? »

Je restai un instant perplexe. Ainsi donc, je n'avais pas rêvé, le pianiste fou existait bien et il était encore là ! Par quel tour de passe-passe n'était-il pas apparu à mes parents ?

Comment se faisait-il qu'il ait pu disparaître à leurs yeux avec tous ses objets et son grand piano ?

Comme je restai plantée là, Pilou s'était précipité dans la pièce, la truffe en l'air, flairant de ci-de là, à la recherche, sans doute, du rat ou des papillons qui l'avaient tant agité la dernière fois. Le pianiste vint à ma rencontre et, me prenant par la main, réitéra son invitation :
« Entrez, entrez, n'est-il pas ! »

Un regard circulaire à la pièce me permit de constater que rien n'avait bougé. Le rat était toujours installé sur son guéridon et, à ma vue, il se précipita sous le chapeau de son maître. Pilou poussa un gémissement plaintif, se cambra sur ses pattes arrière en reniflant, malheureux de ne pouvoir attraper cette bestiole à laquelle il aurait bien voulu faire subir un sort que je n'osais imaginer. Je le calmai par une caresse et lui ordonnai d'aller se coucher, puis, m'avançant, je ne pus m'empêcher de demander :
« Comment se fait-il, Monsieur le pianiste, que mes parents ne vous aient pas vu, lorsqu'ils sont venus vous demander de partir d'ici, vous et toutes ces choses ?

— How, how! Fit le pianiste fou. C'étaient donc vos parents ! I see, I see[9], n'est-il pas !

— Ainsi, vous étiez toujours là ! M'étonnai-je. Mais comment se fait-il qu'ils ne vous aient pas vu ? Qu'ils n'aient même pas aperçu tout ceci ? Vous étiez devenu invisible ? C'est impossible !

---

9 *Je vois, je vois.*

— How, how ! Fit-il encore en me regardant d'un air narquois. Pourquoi aurais-je permis à ces charming personnages de me voir et de me jeter dehors ? N'est-il pas ?
— Comment avez-vous fait cela ? Disparaître avec toutes ces choses ? Questionnai-je de plus en plus sceptique.
— How, how! It's very – comment dites-vous? Easy ?
— Facile ? Risquai-je.
— Yes ! Facile ! It Is ! S'écria-t-il, triomphant.
— Expliquez-moi ! Le suppliai-je.
— How, how ! Fit-il en se grattant le crane sous son chapeau d'où sortit le museau du rat qu'il dérangeait visiblement. How, how ! Poursui-vit-il en arpentant la pièce en tous sens de ses grandes jambes.

Je sus à ce moment précis que ses pieds ne touchaient pas le sol, qu'il se déplaçait en virevoltant comme un patineur en faisant de curieuses arabesques de plus en plus rapides au fur et à mesure que son esprit réfléchissait, tourbillonnant sur lui-même autour du piano, me contournant et repartant comme

un pantin désarticulé en levant et abaissant ses bras démesurés. La queue de pie et les manches de son habit, qui se soulevaient à chaque tressautement, le faisaient ressembler à un drôle d'oiseau. Il semblait chercher les mots pour me faire comprendre son bizarre comportement et, tant qu'il s'agita ainsi en tous sens, les papillons voletèrent autour de lui en un étrange ballet aérien multicolore en émettant un bruissement qui me fit penser au vent dans les feuilles.

    J'étais tellement abasourdie que je restai plantée là, les bras ballants, pendant que Pilou, que tout ce charivari avait tiré de sa torpeur, gambadait au même rythme que le pianiste fou en jappant, pensant sans doute qu'il s'agissait d'un jeu, essayant de saisir la queue de pie chaque fois qu'elle lui passait au-dessus du museau. Cette pantomime dura encore un long moment ; brusquement, le pianiste se calma et stoppa net ses mouvements désordonnés dans une dernière arabesque des plus gracieuses qui se termina par une sorte de pirouette à la suite de laquelle il sembla reprendre pied devant moi, droit et digne ; il réajusta son habit et remit dans le bon sens son chapeau qui avait glissé de travers sur sa tignasse à laquelle s'accrochait désespérément le rat.
« How, how ! Fit-il en me regardant intensément, comme pour percer mes pensées. Je ne puis vous divulguer mon secret ! No, no ! it's not possible ! But, puisque vous me le demandez, je vous donne ceci : j'apparais et je disparais où et quand je le veux. Si un endroit me semble charming, si les personnes me semblent dignes de passer un moment en leur compagnie. N'est-il pas ?
— Je suis flattée que vous me trouviez digne, répondis-je, rougissante de confusion. Mais est-ce que vous ne pourriez pas avoir autant de considération pour mes parents et leur apparaitre aussi, car voyez-vous, ils pensent que je suis folle, lorsque je leur parle de vous.

— How, how, fit-il en se grattant le crâne. I see, I see; but it is diffcult, n'est-il pas. Votre maman, peut-être, à la rigueur, pourrait comprendre, car il est évident que, quelque part en elle, je décèle encore un peu de fraîcheur, un rien de son cœur d'enfant. But votre papa est trop rigoureux, very... Comment dites-vous ? Adulte ? N'est-il pas ? Comprenez-vous ? »

Non, je ne comprenais pas très bien ce que voulait me dire ce pianiste fou. Je pensais :
« Pauvre papa. Jamais il ne pourra croire ce que je lui raconte. Heureusement, maman sait que je ne mens pas, elle. »

Ce jour-là, nous partageâmes mon goûter et, assis sur le plancher, le rat bien tranquille sur son guéridon, les papillons sagement posés sur les fils entre les partitions de musique, Pilou couché à mon côté, j'écoutai le pianiste fou me parler du pays d'où il venait.

C'était un pays magique que ce pays-là, où les arbres se déplaçaient pour dispenser leur ombre à qui le leur demandait, où les fleurs avaient des couleurs et des odeurs qui n'existaient nulle part ailleurs, où les ruisseaux, les rivières et les fleuves jouaient des symphonies selon qu'ils coulaient calmement ou avec force et où les oiseaux et tous les êtres vivants chantaient, dansaient et faisaient de la musique sur des harpes et des pianos dont les cordes étaient tissées par des vers à soie. Le vent y murmurait des poèmes et les gouttes de pluie étaient de cristal et de nacre. On ne s'y déplaçait qu'en glissant au-dessus du sol et on n'y parlait qu'en chantant. Il y régnait l'harmonie, il n'y faisait ni trop froid, ni trop chaud et on n'y mangeait que des légumes savoureux et des fruits sucrés cultivés par des jardiniers poètes qui déclamaient des vers. Les enfants s'instruisaient en écoutant et en regardant la nature et les grandes personnes n'étaient jamais tristes, ni pressées.

Personne n'était jamais malade, dans ce pays-là ; quand les gens étaient trop vieux, qu'ils avaient beaucoup chanté, dansé et fait de la musique, ils se transformaient en papillons multicolores qui voletaient pour l'éternité dans les maisons, les forêts et les champs.

Le pianiste fou m'expliqua qu'il avait dû quitter son si beau pays pour partir à la recherche de son la que les vers à soie ne tisseraient que lorsqu'il l'aurait trouvé. Ce n'était qu'à ce prix qu'il pourrait réaliser son rêve d'harmonie en devenant un grand pianiste.

Depuis, il parcourait notre monde, apparaissant et disparaissant au gré des rencontres à qui lui semblait être digne de le comprendre et de l'aider.

Il me fit ses adieux et je le quittai, ce soir-là, un peu triste de savoir qu'il allait continuer sa quête dans d'autres lieux, avec d'autres enfants et que je ne le reverrai sans doute jamais. Avant de disparaître, il me dit :

« How, how, je vous remercie. Je n'ai pas trouvé mon « la » auprès de vous, mais vous avez su m'écouter, et cela m'a fait du bien. J'ai suivi votre conseil : je n'écris plus ma musique à l'encre, mais avec un crayon. Vous aviez raison, mes notes ne dégoulinent plus sur le sol, à part le la, hélas. N'est-il pas. Ce la-là n'est pas le mien, puisqu'il ne reste pas sur ma partition. Je vais continuer à le chercher et un jour, j'en suis sûr, je le trouverai. Vous devrez, vous aussi, à votre tour, chercher votre la. N'est-il pas ?

— Mon la ? Mais je n'ai pas perdu le la, moi !

—How, how, yes, yes, insista-t-il. Cherchez votre la, celui qui donne le bon ton, celui par lequel on se met en voix pour chanter juste.

Sans le la, on ne peut trouver l'harmonie, n'est-il pas ? Sans avoir trouvé son la, on ne peut avancer dans la vie. Faites mes amitiés à votre maman. Je pense qu'elle a trouvé son la et qu'elle a su préserver son cœur d'enfant, car elle est harmonieuse. N'est-il pas ? Et ne soyez pas triste. Le monde n'est pas si vaste qu'on ne puisse s'y rencontrer. Peut-être un jour nous reverrons-nous, n'est-il pas ? »

Sur ces dernières paroles, il disparut dans un souffle et avec lui le piano, le rat, les papillons et les partitions de musique. Il ne restait de son passage que ces quelques minuscules taches noires sur le plancher, qui ressemblaient à des notes de musique.

C'était la veille de mon entrée en sixième, la veille du jour où je devais quitter la cour des petits pour entrer dans celle des grands, où il me faudrait aborder l'adolescence, ce passage compliqué qui mène vers l'adulte.

Je revins de temps en temps, pendant les vacances, dans la maison de grand-père où l'odeur des galettes persistait, malgré les années écoulées, mais je ne revis jamais le pianiste fou. Maman avait nettoyé le plancher de la pièce et fait disparaître les petites taches noires.

Il ne restait plus rien du passage de ce drôle de personnage que je n'ai jamais oublié, mais qui n'avait été, probablement, qu'un rêve d'enfant.

LA RENCONTRE

Je fis des études de musique et je devins professeur de piano.

Un jour où, en compagnie de ma meilleure amie je me rendais à la salle Pleyel pour entendre le récital d'un pianiste dont la réputation commençait à déplacer les mélomanes du monde entier, quelle ne fut pas ma surprise, en le voyant entrer en scène ! J'avais devant moi la réplique presque parfaite de mon pianiste fou ! Bien sûr, il lui manquait le haut de forme, le rat et la nuée de papillons, et, bien que grand, il n'était pas maigre, mais sa démarche grâcieuse semblait le faire glisser sur le sol et la façon qu'il eut de saluer et de soulever sa queue de pie avant de s'asseoir, la manière dont il agitait ses mains aux doigts longs et graciles et de les faire courir sur le clavier, la mèche rebelle qu'il remettait en place d'un revers de main, tout en lui me ramena au rêve lointain de mon enfance. Comment cela était-il possible ?

J'écoutai le récital, transportée dans mon monde imaginaire, charmée et émue par la qualité de son interprétation et, lorsque la salle, debout, l'ovationna, je fus incapable de me lever, tant le charme qu'il avait opéré sur moi était insurmontable.

« Mais tu pleures ! » S'étonna mon amie.

Je ne sus lui expliquer le pourquoi de mon émotion, mais elle en conclut elle-même que j'étais tombée amoureuse du pianiste et de son talent. Bien entendu, je protestai. Comment aurais-je pu m'enticher d'une étoile inaccessible ?

Cette nuit-là, je fis un rêve dans lequel j'entendis le pianiste fou me répéter ses dernières paroles ;
« Cherchez votre la, celui qui donne le bon ton, celui par lequel on se met en voix pour chanter juste. Sans le la, on ne peut trouver l'harmonie, n'est-il pas ? Sans avoir trouvé son la, on ne peut avancer dans la vie. Le monde n'est pas si vaste qu'on ne puisse s'y rencon-trer. Peut-être un jour nous reverrons-nous, n'est-il pas ? »

Au réveil, je me traitai d'imbécile : le virtuose n'avait aucun rapport avec le pianiste fou. Tout ceci n'était que futilité ! Pourtant, toute la journée, une petite voix n'arrêta pas de me répéter : « cherche ton la, cherche ton la, trouve-le et tu trouveras l'harmonie ! » J'eus beaucoup de mal à supporter les fausses notes de mes élèves, ce jour-là, je l'avoue, et les jours suivants davantage encore.

N'y tenant plus, je retournai salle Pleyel pour écouter encore une fois ce fabuleux pianiste. L'émotion fut la même. Heureusement, j'étais seule et personne ne put me reprocher les larmes qui, malgré moi, mouillèrent mes yeux pendant tout le temps du concert.

Lorsque je sortis de la salle de spectacle, je ne sais quelle hardiesse, ou quel courage ou quelle inconscience me poussa à me poster devant la sortie des artistes où déjà une foule d'admirateurs se pressait dans l'espoir d'obtenir un autographe de la main de l'artiste. J'avais conservé le programme, mais je n'avais ni stylo ni crayon ; il me semblait impossible d'obtenir pas même un regard de la part de cet homme adulé par son public. Découragée à cette pensée, je m'apprêtais à repartir lorsqu'un mouvement de la foule me projeta littéralement à la première place, juste devant la porte qui s'ouvrait pour laisser le passage à l'artiste.

C'est à moment-là précisément que je perdis l'équilibre et que je me serais étalée de tout mon long sur le trottoir si deux bras vigoureux ne m'avaient retenue. Me relevant pour m'excuser, j'eus un choc en voyant qui m'avait sauvée d'une chute tout aussi vexante que douloureuse. Il m'aida à me rétablir et, lâchant mon bras, il me fit un grand sourire.
« Bel exercice de voltige, vraiment ! Que puis-je encore faire pour vous être agréable ? » Me demanda-t-il en repoussant la mèche re-belle qui s'obstinait à tomber sur son front.
   Derrière moi, la foule des admirateurs, bonne enfant, avait applaudi. Je me trouvai tellement bête, que j'eus du mal à articuler un merci bredouillant ; lui tendant mon programme, je réussis à lui demander :
« Auriez-vous l'amabilité de me signer un autographe, s'il vous plaît ? »
   Ses yeux vifs et rieurs m'électrisaient et m'intimidaient tout à la fois. Je dus devenir écarlate, car je sentis le feu envahir mes joues.
« Je dois avoir l'air d'être complètement idiote ! Pensais-je.
— Quel prénom dois-je écrire ? Me demanda-t-il, toujours en me fixant.
— Heu… Laurette. Enfin, non ! Laure. C'est mon prénom. Laure.
— Laurette. C'est bien. C'est joli, Laurette. Va pour Laurette. Et que fait Laurette, dans la vie ?
— Pro-professeur de piano. Bredouillai-je.
— Ah ! Fort bien. Nous sommes donc entre musiciens. Avez-vous un peu de temps ? Je fais plaisir à toutes ces personnes et, si vous m'attendez un peu, je vous invite à boire un café. Je ne connais personne, dans cette ville. Si vous acceptez mon invitation, vous me rendrez un grand service. » Finit-il.
   Sans attendre ma réponse, il se retourna.

Pendant une demi-heure, il signa des autographes avec bonne humeur, plaisantant et riant avec ses admirateurs.

Je l'attendis, un peu gênée et me demandant où cette attente allait me mener. Était-il possible qu'un simple petit professeur de musique comme moi puisse intéresser un artiste aussi accompli que lui ? Sans vouloir me l'avouer, je ne cessai de repenser à mon pianiste fou. Quel rêve d'enfant peut-il aboutir à une telle rencontre ? Pour me rassurer, ou plutôt pour me dissuader d'un quelconque espoir, je me persuadai que cette invitation impromptue ne serait qu'un moment parmi tant d'autres dans une vie d'artiste se produisant dans le monde où d'autres Laurette l'attendaient après le concert. Ce ne serait, pour moi, qu'un bon souvenir.

Nous prîmes un café, puis nous dînâmes. Il me parla de son métier d'artiste, de ses contraintes, de ses espoirs, de ses déceptions et de la solitude qui, parfois, lui pesait ; il me dit l'attente dans laquelle il était de mener une autre vie, plus simple, plus régulière. Il projetait d'arrêter les concerts qui l'appelaient aux quatre coins de la planète pour se consacrer à l'enseignement dans un grand conservatoire.

Il me fit raconter ma vie de professeur, avec ses contraintes, ses espoirs, ses déceptions et la solitude qui, parfois, me pesait ; je lui dis que je n'attendais rien de particulier, que je me satisfaisais de ce que j'avais, mais bien sûr, je ne dis pas la vérité.

Nous parlâmes musique, compositeurs, harmonie ; le temps s'écoula et il fallut que le restaurant ferme ses portes pour que nous réalisions qu'il était déjà minuit. Il devait partir le lendemain pour une nouvelle tournée de quelques semaines et rentrerait ensuite à Paris pour de nouveaux concerts.

Nous échangeâmes nos cartes, il me promit de m'appeler, à l'occasion.
Ma vie reprit sont cours. Entre temps, je quittai la région pari-sienne pour m'installer à Bordeaux. Pendant plusieurs semaines, je n'eus aucune nouvelle de mon pianiste et je dois dire que si, pendant quelques jours après cette inoubliable soirée, j'ai espéré un signe de sa part, j'avais fini par gommer tout espoir de le revoir.
Imaginez mon étonnement, mon trouble, lorsqu'un matin je reçus un texto :
« Chère Laurette, me voici de nouveau en France. Que diriez-vous d'un repas en tête à tête avant mon prochain concert en province ?
— Ce serait avec plaisir, lui répondis-je, mais j'ai quitté Paris pour Bordeaux. Je suis désolée.
— Vous êtes à Bordeaux ? Mais c'est formidable ! Quelle coïncidence ! je serai de passage au Grand Théâtre de Bordeaux pour quelques re-pré-sentations la semaine prochaine. Que diriez-vous d'un dîner vendredi prochain après le concert ? »
Je ne pris pas plus de dix secondes de réflexion pour répondre :
« J'en serais ravie. »
Deux jours plus tard, je recevais, par la poste, une invitation pour le concert du vendredi suivant.
Placée au premier rang, j'écoutai son récital avec le même émerveillement. Après la dernière ovation, je me précipitai, comme il me l'avait recommandé, vers sa loge où j'eus du mal à me frayer un passage. Timidement, je me postai dans le couloir, attendant qu'il sorte ; je n'eus pas longtemps à attendre : passant la tête dans l'entrebâillement de la porte, il m'aperçut et me fit signe d'entrer, sous le regard curieux des persona grata qui l'attendaient pour le féliciter.

J'avoue que je me sentis un peu gênée d'un tel passe-droit, ce qui l'amusa beaucoup.

Le dernier admirateur parti, nous quittâmes le théâtre devant lequel un taxi nous attendait.

« J'ai réservé une table au bord du lac, me dit-il. C'est à une vingtaine de minutes d'ici. Cela vous convient-il ?

— Heu… Oui, oui, c'est parfait. » Répondis-je bêtement.

Je ne m'attendais pas à une telle attention et, totalement intimidée, je ne savais que dire, à tel point que je regrettai presque d'avoir accepté cette invitation.

La soirée fut charmante ; nous avions mille choses à nous dire et nous nous découvrîmes autant de points communs. Il repartit le lendemain pour Paris et, pendant plusieurs semaines, nous échangeâmes quotidiennement un texto ou un coup de téléphone.

Six mois plus tard, il quittait Paris pour venir vivre à Bordeaux où il avait obtenu une chaire de professeur au conservatoire.

Il me demanda ma main un soir du mois de juillet suivant au cours d'un dîner aux chandelles des plus romantiques au bord du lac. Notre mariage fut célébré dans l'église du Sacré Cœur où ses amis musiciens nous firent la surprise d'un concert et d'une haie d'honneur.

Lorsque je l'amenai pour la première fois dans la maison de grand-père où rien n'avait changé, maman s'étant toujours appliquée à conserver les lieux intacts, il déclara adorer cet endroit où il se sentait comme chez lui. Je lui contai alors mon étrange aventure d'enfant ; il m'écouta attentivement et se contenta de me demander :

« As-tu trouvé ton la ?

— Oui. Je l'ai trouvé et je trouve cela merveilleux. Répondis-je en me serrant contre lui.
— Moi aussi, je l'ai trouvé, ma Laurette. » Me souffla-t-il en m'embrassant.

Cela fait vingt ans maintenant que nous vivons un bonheur sans faille ; pendant plusieurs années, nous avons fait le tour du monde, donnant des récitals à quatre mains, accompagnés par les plus grands orchestres.

Nous avons eu deux enfants et nous nous sommes installés dans la maison de mes parents qui nous ont quittés.

Dans la maison de grand-père, il y a, à la place du bureau, un piano à queue et des partitions de musiques écrites au crayon, éparpillées dans un désordre indescriptible. Certains jours d'été, des papillons multicolores virevoltent en tous sens dans le jardin et lorsque mon mari repousse sa mèche rebelle d'un revers de la main et qu'il se déplace en ayant l'air de glisser sur le sol, je ne peux m'empêcher de penser à la dernière phrase de mon pianiste fou :
« Le monde n'est pas si vaste qu'on ne puisse s'y rencontrer. Peut-être un jour nous reverrons-nous, n'est-il pas ? »

L'AUTEURE

Mona Lassus est née à Bordeaux. Sa famille est originaire de Nouvelle Aquitaine depuis plusieurs générations. Son enfance a été marquée par la culture du Sud-ouest, riche d'histoire, de gastronomie et de bien-vivre.

Inspirée par la douceur des paysages de sa région, elle a commencé, très jeune, à écrire des poèmes. Plus tard, la vie quotidienne des gens simples, les coutumes régionales, les anecdotes drôles, croustillantes ou dramatiques, entendues autour de la table familiale ou sur la place des villages lui ont servi de fil conducteur pour écrire des nouvelles, des contes et un premier roman "La vie des gens, autres temps, autres mœurs".

Elle est considérée comme une excellente conteuse sachant aiguillonner l'imagination et donner vie à ses personnages. L'écriture est spontanée et riche, permettant une lecture aisée tenant le lecteur en haleine.

Du même auteur :

La vie des gens, autres temps, autres mœurs.
Roman – Éditions Books on Demand (BOD)
ISBN 978-2-3225-1513

Dans la série
« Petites Histoires à faire frémir » :
Tome I :
—*L'étrange destin des sœurs Michon*
Roman court, thriller.
—*L'affaire Georges Navet*
Nouvelle, thriller.
Éditions Books on Demand (BOD)
ISBN 978-2-3224-8038-8
Tome 2 :
—*L'autre*
Roman, thriller.
—*Lucien ou Luciano*
Nouvelle.
Éditions Books on Demand (BOD)
ISBN 978-2-3224-3786-3

Disponibles en livres papier et ebooks chez
LIBRAIRIE BOD (https://librairie.bod.fr)
CULTURA - AMAZON – FNAC- BABELIO – DECITRE

Blog: https://www.monalassus.fr

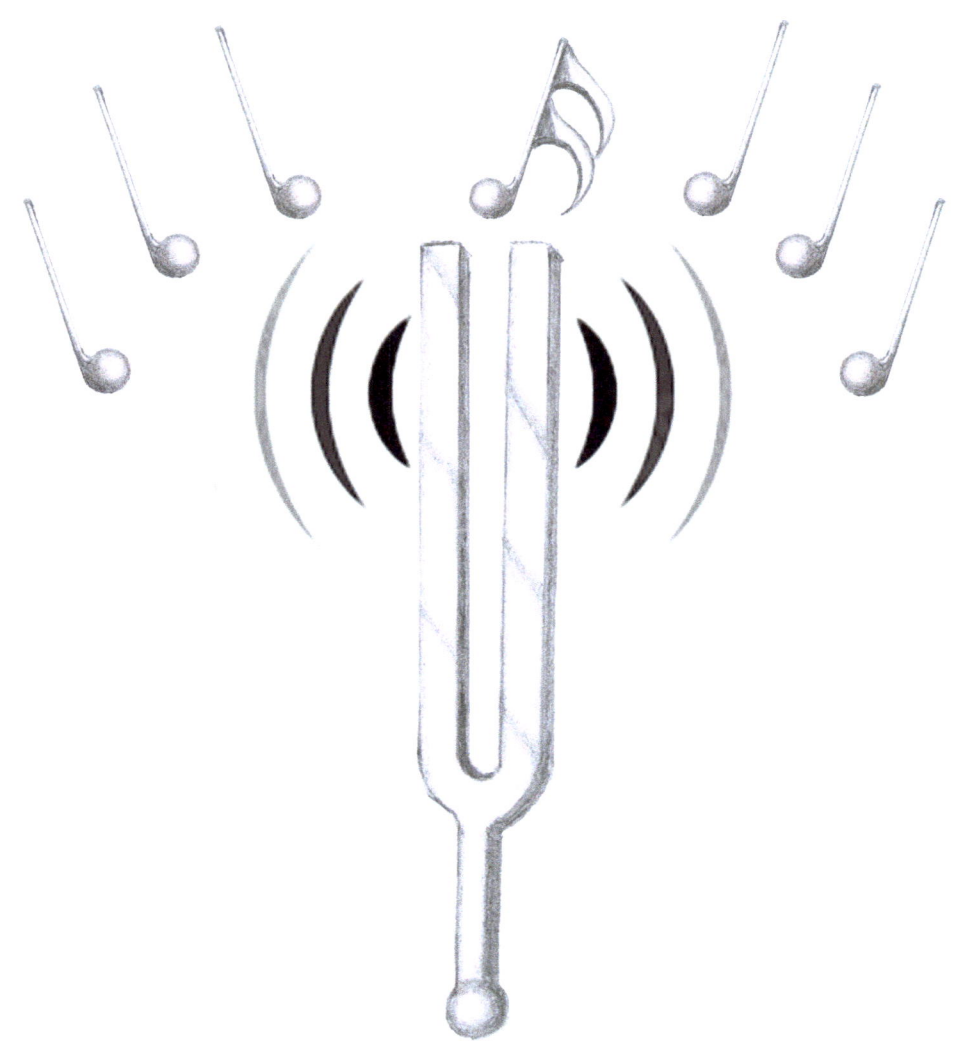